Mein erstes Kreativbuch

Bauernhof
Emily Stead

Die Bauernhoftiere laden dich ein, schau einfach in dieses Buch hinein!

Dieses Buch gehört

....SMILLA....

Was findest du in diesem Buch?

Viele Tiere zum Entdecken, Verbinden, Ausmalen und Gestalten!

Viele Sticker
Nutze sie für die Sticker-Rätsel und um dein Buch so zu dekorieren, wie du es willst!

Bastelsachen
Eine Ferkel-Maske auf Seite 29 und Bauernhof-Fingerpuppen auf Seite 41!

Zeichenspaß
Viele Seiten zum Zeichnen und Ausmalen!

Rätselspaß
Punkterätsel, Labyrinthe, Zähl- und Verbindungsspiele!

© 2012 Carlton Books Limited
Titel der Originalausgabe:
My First Creativity Book on the Farm
Die Originalausgabe ist bei Carlton Books Ltd. erschienen
© 2013 für die deutsche Ausgabe:
arsEdition GmbH,
Friedrichstraße 9, D-80801 München
Aus dem Englischen von Miriam Scholz
Alle Rechte vorbehalten
ISBN 978-3-8458-0040-0
www.arsedition.de

Autorin: Emily Stead
Illustrationen: Jessica Bradley
Redaktionsleitung: Selina Wood
Künstlerische Leitung: Emily Clarke
Gestaltung: Faith Booker
Herstellung: Claire Halligan
Fotografien: Thinkstock.com, iStockphoto.com, Stock.XCHNG
Hergestellt in China

Willkommen auf unserem Bauernhof!

Wuff! Ich bin Simon, der Schäferhund. Meine Freunde verstecken sich irgendwo in diesem Buch. Kannst du mir helfen, sie zu finden?

Wenn du sie gefunden hast, setze einen Haken in das Kästchen unter ihrem Namen.

Samuel Schwein

Hans Huhn

Gregor Ziege

Lilli Lamm

Die Lösungen findest du auf Seite 56.

Schafe zählen

Die Schäferhunde treiben die Schafe auf eine neue Weide.
Zähle die Tiere und schreibe die Lösungen in die Kästchen.

Ich kann ☐ schwarze Schafe zählen.

Ich kann ☐ geschorene Schafe zählen.

Ich kann ☐ Hasen zählen.

Iaaah!

Verbinde die Zahlen von 1 bis 20, um das Bild von dem lustigen Esel, der am Gras knabbert, fertigzustellen. Dann male es aus!

Gack, gack!

Diese hungrigen Hühner werden gefüttert. Zeichne die hellen Linien nach, um das Bild fertigzustellen. Dann male es aus!

Laute Tiere

Was für ein Lärm! Verbinde die Geräusche durch Linien mit den richtigen Bauernhoftieren.

Bääääääh!

Wieher!

Piep, piep!

Lustige Lämmer

Diese Lämmer wurden alle im Frühling geboren. Welche zwei Lämmer sind Zwillinge? Verbinde die Lämmer, die genau gleich aussehen, mit einer Linie.

Die Lösungen findest du auf Seite 56.

Kikeriki-Kritzelei

Der stolze Hahn muss toll aussehen. Kannst du noch mehr Muster auf seine Federn malen? Klebe auch Hühner-Sticker dazu!

Sonnige Vogelscheuche

Hier siehst du eine Vogelscheuche, die sonnige Tage liebt! Finde die zwei Sticker, die das Puzzle vervollständigen.

Die Lösungen findest du auf Seite 56.

Mampf, mampf!

Diese gefräßige Ziege und ihre Kinder veranstalten ein lustiges Mittagessen. Kannst du die 6 Unterschiede zwischen den Bildern entdecken?

Die Lösungen findest du auf Seite 56.

Erfolgreiche Ernte

Die Bauern ernten Obst. Wie viele Äpfel, Birnen und Pflaumen hängen noch an den Bäumen? Schreibe die Zahlen in die Kästchen.

Ich kann ☐ Äpfel zählen.

Ich kann ☐ Birnen zählen.

Ich kann ☐ Pflaumen zählen.

Die Lösungen findest du auf Seite 56.

Wessen Ei ist das?

Verbinde die drei Bauernhof-Vögel durch Linien mit den richtigen Eiern. Beginne mit dem größten Vogel.

Die Lösungen findest du auf Seite 56.

Plansche-Entchen

Diese Entenmama bringt ihren Kindern Schwimmen bei!
Zähle die Dinge im Bild. Schreibe die Zahlen in die Kästchen.

Ich kann ☐ grüne Enten zählen.

Ich kann ☐ blaue Enten zählen.

Ich kann ☐ pinke Enten zählen.

Die Lösungen findest du auf Seite 56.

Goldene Blumen

Diese Sonnenblumen wachsen schnell! Welche ist die längste und welche die kürzeste? Finde die passenden Sticker.

Summ, Bienchen, summ!

Male deinen eigenen summenden Bienenstock, indem du vorsichtig jedes einzelne Quadrat in das leere Gitter überträgst.

Muuuh!

Die Kuh ist ein sehr wichtiges Bauernhoftier! Welche dieser Nahrungsmittel kommen von der Kuh? Kreuze die richtigen Kästchen an.

Die Lösungen findest du auf Seite 56.

Verrückter Bauernhof

Trenne die nächste Seite in der Mitte durch und blättere hin und her, um ein lustiges Bauernhof-Wirrwarr zu gestalten!

Reiße an der Linie entlang, um die Seite zu teilen.

Male die untere Hälfte aus.

21

Zeichne die obere Hälfte.

Süße Kätzchen

Verbinde die Zahlen von 1 bis 25, um das Bild von den niedlichen Kätzchen fertigzustellen. Dann male es ganz bunt aus!

Die Lösungen findest du auf Seite 56.

Pony-Koppel

Schau dir die 3 Bildausschnitte genau an. Auf welchem siehst du welches Pony? Verbinde die Ausschnitte durch Linien mit den richtigen Ponys.

Die Lösungen findest du auf Seite 56.

Struppiger Schäferhund

Hallo, ich bin Simon, der Schäferhund! Erinnerst du dich an mich? Male dieses Bild von mir aus und schreibe meinen Namen in das Schild auf meiner Hundehütte.

Welcher Reifen passt?

Der Bauer braucht einen Reifen für sein Geländefahrzeug. Aber welcher passt? Kreise den richtigen Reifen ein, dann kannst du ihn ausmalen!

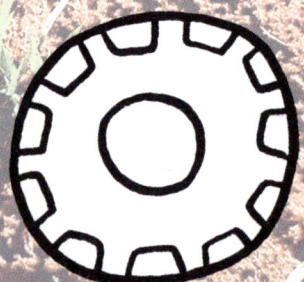

Die Lösungen findest du auf Seite 56.

Mais-Labyrinth

Toll! Dieses Labyrinth besteht aus Mais! Die Kinder möchten den Korb voller Äpfel holen. Kannst du ihnen den richtigen Weg durch das Labyrinth einzeichnen?

Die Lösungen findest du auf Seite 56.

Schönheitswettbewerb

Diese Lämmer machen bei einem Wettbewerb mit. Male sie hübsch aus, sodass sie sich von ihrer besten Seite zeigen können. Dann gib deinem Lieblingslamm einen Rosetten-Sticker.

Spuren-Wirrwarr

Diese matschigen Reifenspuren sind durcheinandergeraten. Spure jede Fährte mit einer anderen Farbe nach, um herauszufinden, welches Fahrzeug in welche Garage gehört!

Die Lösungen findest du auf Seite 56.

Suche Unterschiede!

So ein Mähdrescher ist wirklich eine sehr nützliche Maschine! Kannst du die 5 Unterschiede zwischen den Bildern entdecken?

Klebe Sticker dazu!

Verborgene Mäuse

Kannst du die 8 Mäuse finden, die sich in der Scheune versteckt haben? Male das Bild aus und klebe Sticker dazu!

Die Lösungen findest du auf Seite 56.

Groß und klein

Hier siehst du eine laute Gänseschar! Welche Gans ist die größte? Male sie aus. Und welche ist die kleinste? Male diese Gans ebenfalls aus!

Die Lösungen findest du auf Seite 56.

Gemüse-Körbe

Schau dir diese Ernte-Körbe genau an.
Welcher Korb ist anders als die anderen? Kreise ihn ein.

Die Lösungen findest du auf Seite 56.

Bauernhof-Fingerpuppen

Diese Bauernhoftiere warten darauf, mit dir zu spielen! Bitte einen Erwachsenen, dir beim Basteln dieser Fingerpuppen zu helfen.

Bastle deine Fingerpuppen

1. Bitte einen Erwachsenen, dir die 4 Tierpuppen auszuschneiden. Vergiss nicht den Schlitz!

2. Wickle eine Puppe um deinen Finger.

3. Schiebe den Streifen durch den Schlitz, damit es zusammenhält.

4. Sichere die Befestigung bei Bedarf mit Klebeband ab.

5. Bau die anderen zusammen und lass sie laufen und sprechen!

Gemüsebeet

Die Bauern haben Samen gesät. Was glaubst du, welche Gemüsepflanzen wachsen werden? Male Gemüse, das du gerne magst, auf das Feld!

Male hier!

Ich sehe ...

Kreise schnell alle Tiere ein,
die du findest. Dann rufe Kikeriki!

45

Hufeisen-Jagd

Diese Pferde brauchen deine Hilfe! Kannst du 5 versteckte Hufeisen im Bild finden? Kreise sie ein.

Finde meine Mama!

Verbinde die Mamas mit ihren Babys.
Zeichne Linien ein.

Die Lösungen findest du auf Seite 56.

Fütterungszeit

»Grunz, grunz«, sagen die Schweine. Sie haben immer Hunger! Benutze deine Sticker, um den Schweinen ihr Abendessen zu geben.

Starker Traktor

Der Traktor ist ständig auf dem Feld unterwegs! Male das große Bild des Traktors aus. Nutze das kleine Bild als Hilfe.

Wasser-Labyrinth

Hilf dem Entenküken, seine Mama zu finden, indem du den richtigen Weg einzeichnest.
Halte auf dem Weg an, um zwei freundlichen Fröschen »Quak« zu sagen!

Die Lösungen findest du auf Seite 56.

Schlaf-Reime

Jetzt ist Reim-Zeit! Finde die passenden Sticker, um dieses schläfrige Tier-Gedicht fertigzustellen.

Das ⬜ ist müde,

das ⬜ gähnt laut,

die Hühner schnarchen, doch die Katze miaut.

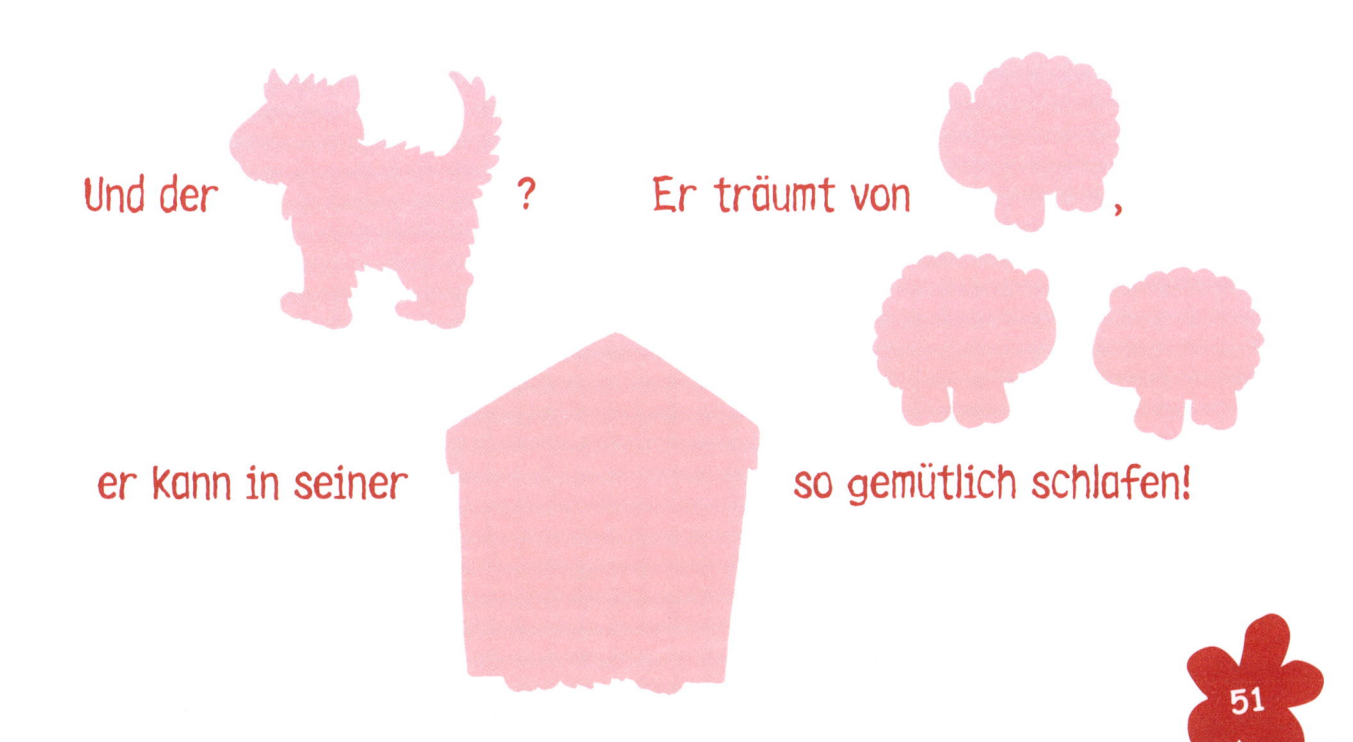

Und der ⬜? Er träumt von ⬜,

er kann in seiner ⬜ so gemütlich schlafen!

Riesige Rübe

Schau dir diese lustige Szene genau an.
Kannst du die 5 Unterschiede zwischen den Bildern entdecken?

Die Lösungen findest du auf Seite 56.

Hunde-Zwillinge

Welche zwei dieser verspielten Welpen sehen genau gleich aus?
Verbinde sie durch eine Linie.

Die Lösungen findest du auf Seite 56.

Bauernhof-Freunde

Was könnte noch alles auf dem Bauernhof zu sehen sein?
Zeichne dazu und male aus. Klebe auch Sticker dazu!

55

Lösungen:

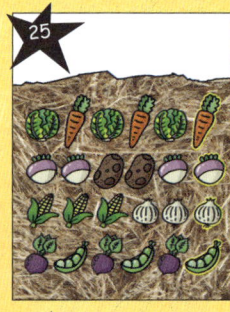

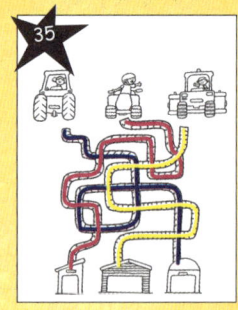